NOTICE

SUR

M. MIGNERET

PRÉFET DU BAS-RHIN

NOTICE

SUR

M. MIGNERET

PRÉFET DU BAS-RHIN.

LE MANS

IMPRIMERIE MONNOYER FRÈRES, PLACE DES JACOBINS

—

1862

NOTICE

M. MIGNERET

PRÉFET DU BAS-RHIN

En publiant la biographie d'un administrateur vivant et encore en fonctions, nous n'entendons faire ni un acte de flatterie servile, ni une œuvre de dénigrement. Mais il nous a paru équitable de faire connaître par ses actes une carrière déjà longue et bien remplie, de mettre en lumière des états de services honorables, à l'aide d'une exposition raisonnée et d'une exactitude qui est le principal mérite de ces sortes de travaux. Nous avons cru qu'il nous était permis de dire la vérité, telle que nous la connaissons, sans exagération et sans réticences.

M. Migneret (Jean-Baptiste-Stanislas-Martial) est né, le 15 septembre 1809, d'une famille honorable, mais éprouvée dans trois générations successives par la mort prématurée de ses chefs. Orphelin à l'âge de sept ans, il resta confié aux soins éclairés d'une mère dévouée, qui s'imposa la tâche d'en faire un homme utile. Les enseignements maternels, à la fois fiers et réservés, sévères et indulgents suivant les circonstances, ont exercé sur son caractère une très-grande influence et se résument en deux mots, qu'il n'oublia jamais : *Travail et probité.*

Au moment où la révolution de 1830 éclata, la faculté de Paris lui conférait le grade de licencié en droit (1), et le jeune candidat, s'habituant déjà à ne priser que les succès dus à ses efforts personnels, s'enorgueillissait naïvement de ses cinq boules blanches et du diplôme qui lui donnait les moyens de satisfaire une ambition légitime, et de prendre dans le monde une place qui lui semblait réservée. Les événements, en faisant des vides au barreau, facilitèrent ses débuts, et il plaida le jour même de son inscription au tableau. Le jeune avocat avait la parole brillante, la plume facile, l'ardeur de ses vingt ans et l'amour du travail, qualités à l'aide desquelles il ne tarda pas à s'attirer une notoriété locale assez grande et à jouer un rôle relativement important sur son modeste théâtre. En ce moment, les études les plus diverses attiraient son attention un peu inquiète, et encore incertain sur ses goûts véritables, il eût voulu tout aborder dans le domaine intellectuel ; mais le droit et l'histoire prirent peu à peu le premier rang et déterminèrent ses préférences définitives.

(1) M. Migneret a été reçu docteur en droit par la faculté de Dijon, le 6 janvier 1843.

En 1835, M. Migneret livra à l'impression un précis de l'histoire de Langres, qui, malgré des défauts de jeunesse et des concessions inévitables aux préjugés de l'école du moment, a été accueilli avec faveur. On trouve dans cet écrit des recherches faites en conscience, l'étude des monuments originaux dans les archives, et ce style concis et expressif qu'il tient au service d'une pensée toujours claire et précise. Cette publication eut le mérite de relever le goût des études historiques dans une ville qui semblait les avoir oubliées, et devint le point de départ d'une suite de recherches entreprises sur le même sujet par différents écrivains.

L'histoire de Langres fut suivie d'un traité de jurisprudence, se rattachant encore au droit communal, — l'Affouage dans les bois communaux, — qui a eu les honneurs de deux éditions, et qui a pris rang parmi les monographies fréquemment citées dans la littérature juridique (1).

Au traité de l'Affouage succéda un Essai sur l'administion municipale des Romains. L'auteur voué déjà à la carrière administrative, et jaloux d'unir la pratique et les

____

(1) Le traité de l'*Affouage* a paru en 1840. Lorsque M. Dalloz publia, en 1841, le premier supplément à son Dictionnaire général de jurisprudence, il crut devoir refaire entièrement le mot *Affouage*, et par une approbation flatteuse il explique ainsi ses motifs :

« L'importance de cette matière nous engage à revenir sur ce sujet et « à y consacrer un article spécial, dans lequel nous présenterons l'ana « lyse de l'excellent traité de l'*Affouage* de M. Migneret. »

études théoriques, espérait alors mener à fin un important travail entrepris sur le droit communal. Dans le même ordre de travaux se range une dissertation sur les cimetières communaux et les sépultures.

Cependant M. Migneret fut appelé par l'élection au Conseil municipal, et il ne tarda pas, quoique le plus jeune de l'assemblée, à y acquérir une influence qui le désigna pour collaborateur naturel au maire, son proche parent : le 4 avril 1839, il entrait, comme adjoint, dans la carrière administrative, qu'il devait parcourir tout entière. Son action municipale fut vive et énergique. Aimant le bien avec ardeur, il ne redoutait ni les efforts nécessaires pour l'obtenir, ni la lutte contre les obstacles; se montrant en ces occasions peu ménager de ses peines et peut-être un peu ardent à assurer le succès. Aussi, quand il se vit appelé à la Sous-Préfecture de Château-Chinon (1846), il ne se crut pas trop présomptueux en pensant qu'il devait cette distinction autant à lui-même qu'à la protection de ses amis, et il s'appliqua à justifier sa nomination.

Transféré sur sa demande à celle de Neufchâteau (Vosges) quelques mois après, il y avait, en une seule année, gagné l'affection d'une population qui lui en donna un précieux témoignage lors des événements de 1848.

Au moment où ces graves événements surprirent la France, le premier mouvement populaire fut un témoignage de confiance envers le Sous-Préfet, dont le maintien fut demandé par une pétition de presque toutes les communes et au nom du suffrage universel et spontané dont la première manifestation lui fut ainsi favorable. Il faut rendre à M. Turck, premier commissaire de la République dans les Vosges, la justice de dire qu'il désirait ce maintien, et la lettre par laquelle il met *en congé* le Sous-Préfet de Neufchâteau est l'expression du regret franchement exprimé de perdre le concours d'un homme utile au pays. Mais, en présence des événements qui suivaient leur cours, la chose n'était possible, ni pour l'un pour l'autre. M. Migneret le comprit, et, sans regret comme sans démarches humiliantes, il rentra dans la vie privée.

Toutefois, en ce moment solennel, il lui semblait que sa place pouvait être à l'Assemblée constituante qu'on allait élire, et il se présenta comme candidat aux électeurs de la Haute-Marne. Mais il n'était pas l'homme du moment : l'ardeur des uns le dépassait, la peur des autres le trouvait trop décidé à défendre la société déjà menacée. Aussi il ne fut élu ni dans le département dont il réclamait les suffrages, ni dans les Vosges où une candidature improvisée réunissait un certain nombre de voix formant une nouvelle et seconde marque d'estime donnée à son administration.

Tant que le Gouvernement provisoire resta aux affaires, M. Migneret s'abstint de toute démarche pour rentrer dans la vie publique. Mais, aux fatales journées de Juin, il ne resta pas sourd à l'appel fait aux bons citoyens, et il se réunit aux gardes nationales qui apportèrent à la cause de l'ordre, dans les murs de Paris, un concours moral, si puissant et si mal employé. Lors des élections municipales qui suivirent ces événements, un de ces retours fréquents dans les scrutins populaires le rappela au Conseil municipal de Langres, et il y remplit pendant quelques mois ses fonctions avec le sentiment du devoir, en vue des seuls intérêts municipaux, comme s'il ne comptait pas au nombre des blessés politiques.

Lorsqu'au mois de décembre 1848, la France prit une de ces résolutions décisives sur la destinée des nations, M. Migneret vota pour le Prince Napoléon. Convaincu que cette élection contribuerait au salut de la société et qu'il était honorable de s'associer à l'œuvre du Prince élu, il sollicita ensuite et obtint de rentrer dans l'administration. De la Sous-Préfecture difficile et importante de Saint-Quentin (1849), il passa à la Préfecture de la Sarthe (1849-1852), à celle de la Haute-Vienne (1852-1853); puis il fut nommé Préfet de Toulouse (1853-1855), et enfin de Strasbourg, poste qu'il occupe depuis près de sept années. Dans cette succession de missions importantes, M. Migneret a coopéré avec activité et dévouement à toutes les mesures de cette grande période de notre histoire, qui embrasse la Présidence, l'avénement et l'organisation de l'Empire. L'ordre a compté peu de préfets plus fidèles, et les opinions libérales peu d'administrateurs plus amis du progrès véritable et moins enclins à l'arbitraire.

Beaucoup, aujourd'hui très-empressés, ont eu tour à tour, soit envers la politique de l'Empereur, des défaillances, soit, dans la répression, des emportements qu'il ne connut point, parce que sa conduite reposait sur des convictions arrêtées. A ses yeux, la liberté n'est incompatible ni avec l'autorité politique, ni avec la morale religieuse et sociale. Loin de là, elles peuvent se prêter un mutuel appui et opérer cette conciliation qui est précisément le devoir de l'administrateur. Aussi a-t-il pu, sans faiblir jamais devant le désordre, le réprimer pourtant sans violences.

C'est d'après ces principes qu'au Deux décembre, le Préfet de la Sarthe s'opposa aux manifestations dangereuses, sans recourir à l'état de siége, et sut rester calme et maître du pouvoir entre les extrêmes des deux parts.

Persuadé que la bonne administration fait la bonne politique, il s'est attaché, avec un soin que quelques-uns lui ont reproché, aux moindres détails de la vie administrative. Aussi il est inutile de dire que les rapports au Conseil Général, les discours publics, les circulaires importantes et toutes les mesures d'organisation sont ses œuvres propres, personnelles, et qu'il ne se fait jamais suppléer, ni par la plume, ni par la personne de qui que ce soit.

Les résultats de cette vie administrative ont laissé des traces dans chaque localité. A Saint-Quentin, on se souvient de l'organisation des secours contre le choléra ; dans la Sarthe, de l'institution des Courses, du développement donné à l'instruction primaire, de l'ordre partout rétabli. La Haute-Vienne lui doit l'introduction des institutrices, gardes-malades dans les écoles rurales, la Section céramique dans le Musée de Limoges ; la Haute-Garonne, l'Hospice de Bagnères-de-Luchon ; le Bas-Rhin, la Société des Monuments historiques, la description statistique du Département, l'application de la vicinalité à la création des voies ferrées, les Cours pratiques d'agriculture et les retraites pédagogiques à l'école Normale; le dépôt de Mendicité, etc., etc., etc. (1).

(1) Le besoin d'exactitude nous a fait rechercher les jugements portés sur l'administration de M. Migneret, et négligeant les manifestations plus ou moins partiales qui ont pu se produire pendant son séjour dans un département, nous ne nous sommes attaché qu'aux jugements posthumes, pour ainsi dire, les seuls qui aient un caractère de spontanéité et d'impartialité incontestable. Cette recherche nous a prouvé que partout il a laissé un souvenir d'estime. Voici quelques extraits à l'appui :

SARTHE. — Décret impérial du 5 août 1852, autorisant « les habitants du département de la Sarthe à offrir, comme témoignage de reconnaissance publique, une épée d'honneur à M. Migneret, ancien préfet de ce département. »

D'après le vœu exprès de M. Migneret, le produit de la souscription a été employé à une œuvre de bienfaisance; il s'est contenté du décret.

Extrait des registres du Conseil académique de la Sarthe. — Sur la proposition de M. le Recteur, vivement accueillie par tous les membres présents, le Conseil exprime ses sentiments de légitimes regrets et de haute estime pour M. Migneret, ancien préfet de la Sarthe, récemment appelé dans la Haute-Vienne, et qui a rendu d'importants services à l'enseignement dans le ressort de l'Académie, et par les lumières qu'il apportait dans les délibérations, et par les sages et efficaces mesures qu'il prenait comme administrateur pour en assurer la prompte et complète exécution.

HAUTE-GARONNE (1861). — On lit dans le discours du président de l'Académie de législation, prononcé à la séance du... janvier 1861, six ans après le départ de M. Migneret :

« Nul des membres de l'Académie n'a oublié..... ni ce préfet éclairé (M. Migneret)
« que ses connaissances juridiques avaient rattaché à nous par des liens intimes et

Si M. Migneret fût resté moins étranger au bruit qui se fait dans la presse, s'il se fût tenu un peu moins à l'écart des camaraderies, s'il n'eût pas mis une sorte de raideur à marcher à peu près seul dans la vie, il eût probablement attiré sur les actes de son administration une attention plus soutenue, et devant lui se serait ouverte la route de la grande politique, dont il aime, comme étude secrète et favorite, à étudier les problèmes et à suivre les événements. — Mais, quoi qu'il arrive de son avenir, ce fonctionnaire aura laissé son empreinte aux localités qu'il a administrées, justifié son élévation par des services réels, et il est resté fidèle à sa devise : *Rectè*.

M. Migneret est décoré des ordres suivants :

Légion d'honneur. — Commandeur. (1850-1859.)

Ordre Pontifical de Saint-Grégoire-le-Grand. — Commandeur.

Ordre espagnol d'Isabelle-la-Catholique. — Commandeur, du nombre extraordinaire.

Ordre bavarois de Saint-Michel. — Commandeur.

Ordre grand-ducal badois du Lion de Zœringhen. — Commandeur de 1re classe.

Ordre grand-ducal de Hesse-Darmstadt, Philippe-le-Magnanime. — Commandeur de 1re classe.

« qui venait avec simplicité nous communiquer ses travaux, sans s'alarmer de l'indé-
« pendance académique, qui ne craint jamais d'associer quelques critiques polies,
« quand elle les juge fondées, aux éloges les plus mérités. »

(*Recueil de l'Académie de législation de Toulouse*, R. X, p. 12.)

OUVRAGES PUBLIÉS PAR M. MIGNERET.

Précis de l'histoire de Langres, 1835, in-8°, 1 vol.

Histoire de la commune d'Aigremont, 1838 ; br., in-8°.

Traité de l'Affouage dans les bois communaux, 1840. — 1re édition, 1842 ; 2e édition, in-8°, 1 vol.

Essai sur l'administration municipale des Romains, 1846, in-8°, 1 vol.

Des Cimetières communaux, 1847 ; br. in-8°.

Des moyens de ramener les capitaux vers l'agriculture, 1848 ; br., in-8°.

Rapports administratifs et discours, 1849-1861.